조용중 네 번째 시선집
나의 모비딕을 위하여

나의
모비딕을
위하여

조용중 네 번째 시선집

다산글방

작가 서문

1

지난해 8월 세 번째 시집 〈채석강 별곡〉 출간 이후 올해 초까지 글을 쓰지 못하였다. 이제 밑천이 떨어진 우물이 그 바닥을 드러낸 탓도 있었을 것이고, 주경야독(晝耕夜讀)의 삶이 불가능한 나이라고 스스로 핑계 삼은 탓도 있었을 것이다. 그리하여 불과 몇 달 전까지만 해도 금년 내에 또 하나의 시집을 낼 수 있을 것이라고는 전혀 예상하지 못하였다. 그러나 막상 글을 쓰지 않고 편하게 살려고 하자 도리어 마음이 괴롭고 무기력해지는 것이었다. 나를 다시 채찍질할 때가 온 것이었다. 삶의 활력을 위해 새로운 우물을 찾아 떠날 때가 온 것이었다. 경험상 우물을 파놓으면 물은 고이기 마련이라는 것을 알고 있었기 때문에 다시 우물을 파고 물이 고이기를 기다렸다. 그렇게 봄이 가고 여름이 되자 어느 정도 물이 차오름을 느꼈다. 이제 그것을 퍼내기만 하면 되는 것이었다. 낮에는 일 때문에 시간이 없으므로 밤잠을 줄이는 수밖에 없었다. 그렇게 두어 달 남짓 주경야작(晝耕夜作)의 결과 이 책이 나오게 되었다.

2

우리는 대부분 일상에서 행복을 찾지 못하고 다른 꿈을 좇습니다. 아니 어쩌면 다른 꿈 때문에 일상에서의 행복을 놓치는지 모릅니다. 그렇지만 우리는 확실한 현실보다는 불확실한 기대 속에서 더 지속적인 쾌감을 느끼도록 운명 지워진 존재인지도 모릅니다. 그렇기에 우리는 잘 보이지 않는 현실 속의 행복을 자기가 살고 있는 세상에서 벗어난 다른 세상을 통해서 찾으려고 합니다. 유리 지바고(Yuri Zhivago)가 〈남을 위해 의사가 되고, 나를 위해 시인이 될 것〉이라고 하는 것처럼, 〈두 가지 삶이 있었으면 좋겠다. 하나는 나의 삶을 살고, 다른 하나는 당신을 행복하게 해주는 삶을 살기 위해〉서라고 하는 것처럼 저도 언제나 다른 행복을 꿈꾸고 있었습니다.

3

꽃은 희망의 상징입니다.
그러나 그 희망은
꽃을 피운 나무만이 아니라
꽃을 바라보는 대상(對象)의 희망이기도 합니다.
따라서 우리는 꽃을 통해
나무의 희망이 아니라 우리의 희망을 생각합니다.

제가 쓴 시들이
저를 일으켜 세우고
저를 살립니다.
제 시가 제게 그렇듯이
저는 희망합니다.
제 시가 세상 사람들에게도 꽃이 되기를

4

1부에서 6부까지는 최근 1년 동안에 쓴 글이고, 7부는 그동안 출간한 시집 중에서 오탈자(誤脫字) 내지 누락이 있는 부분을 바로잡거나 일부 수정할 부분이 있는 시를 재수록하였다.

2025년 7월 31일
효자동 우거(寓居)에서 조용중

차례

1 나의 모비딕을 위하여

나의 모비딕을 위하여	14
내 인생이 하루라면	16
그런 숲이 되어 살고 싶네	18
바다	20
폭포	22
별 3	23
장미농장	24
키스 1	26
키스 2	26
후회	27
모란	28
하얀색 수국의 환영	29
나는 한 그루 나무처럼	30
꽃무릇이 피고 지는 나날들	32
그 사람이 그리워지면	34
햇빛	35
엇갈리는 운명	36

2 봄이 오는 강가에서

봄이 오는 강가에서	38
하얀매발톱 꽃	39
금낭화	40
단풍나무	41
별이 빛나는 밤에	42
반딧불이	44
참죽나무	46
벌새	48
동백꽃 2	49
마삭줄꽃	50
초롱꽃	51
모과를 줍다	52
귀어도	54
나무의 꿈	55
날아가지 않는 새	56
첫눈	58
낙엽	59
태양	60

3
평화의 소녀상 옆에 앉아서

평화의 소녀상 옆에 앉아서 ——— 62
안티고네 ——— 66
아침 해 뜨면 ——— 68
달구경 ——— 69
과속방지턱 ——— 70
4월이 오면 ——— 72
다시 통영에 갔다 와서 ——— 74
또 하나의 깨달음 ——— 76
회남재 ——— 77
내 인생의 붉은 여왕 ——— 78
거울 ——— 80
걸레 앞에서 ——— 81
계절에 따른 공간의 왜곡 ——— 82
궁금증 ——— 84
끝없는 기다림 ——— 85
무소음 시계 ——— 86
비밀번호 ——— 88
사진과 기억 ——— 89
알아야 면장을 하지 ——— 90
옛날과 지금 ——— 91
잡초를 뽑으며 ——— 92
장화 ——— 93

4
산사에서의 하룻밤

산사에서의 하룻밤 ——— 96
이상과 현실 ——— 98
손 씻음 ——— 100
하늘은 야단법석 ——— 102
보리수나무 전설 ——— 103
소리를 보리라 ——— 104
손 ——— 106
산사음악회에 다녀와서 ——— 107
우리들의 하느님, 전기 ——— 110
낙엽과 비의 블루스 ——— 112
무씨를 심는 중 ——— 113
미륵을 기다리는 사람 ——— 114
어떤 기도 ——— 115
역설 ——— 116
연등 달기 ——— 118
오방난전 ——— 120

5

알파 세대의
생일 노래

알파 세대의 생일 노래 ―― 122
다시 찾아온 쥐 ―― 124
나의 기쁨 나의 소원 ―― 126
감자 캐기 ―― 127
내 친구 이남철 ―― 128
내 탓 먼저 ―― 130
기차놀이 ―― 132
늙는다는 것 ―― 133
달의 구별법 ―― 134
마누라 머리 염색하는 날 ―― 136
달팽이 ―― 138
술이 술술 들어가는 날 ―― 139
쓰레기 되가져 가기 ―― 140
안경을 닦으며 ―― 141
알고리즘 ―― 142
우리는 플라스틱을
    먹고 산다 ―― 144
일기예보 ―― 146
자장가 ―― 147
저출산 시대의 신풍속도 ―― 148

정치인과 종교인의 차이 ―― 149
줄임말 ―― 150
포기하지마 ―― 152
황당한 보답 ―― 154

6

수목장

수목장 ―― 156
공동묘지 ―― 158
영정사진 ―― 160
금 이빨 한 개 ―― 161
애완견 초롱이의 49재 ―― 162
임종 풍경 1 ―― 164
임종 풍경 2 ―― 165
임종 풍경 3 ―― 166
글쓰기의 시작은
    부끄러움을 참는 것 ―― 168
국어 수업 시간의 추억 ―― 170

7
봄바람

봄바람 ····· 173
쌍무덤 사잇길 ····· 174
호수의 참선 수행기 ····· 176
미래형 석불 ····· 178
하회 마을에서 ····· 180
새벽예불 ····· 182
비늘을 털며 ····· 184
후드티를 입으면 ····· 186
펜과 페니스에 대한 단상 ····· 188
미래의 제헌절 기념사 ····· 190

1

나의
모비딕을
위하여

나의 모비딕을 위하여

- K에게

그대는 아는가?
동해보다 먼바다
깊은 바다에 살고 있다는
고래의 이야기를

그대는 아는가?
서해만 한 바다쯤은 한입에 삼킨 후
분수처럼 내뿜는다는
고래의 이야기를

그대는 아는가?
고깃배와 어부들을 한꺼번에 삼키고
남해 제주 섬 밖으로 사라졌다는
고래의 이야기를

친구여!
그 고래의 이야기를 듣고 난 후
나는 항상 어딘가 먼 곳을 향한 열망으로
온몸이 근질거린다
그대는 어떤가?

가자!
말로만 듣던 그 고래를 잡으러
가자!
미지의 바다로, 낯선 땅으로

내 인생이 하루라면

내 인생이 하루라면
하루밖에 없다면
나는 제일 먼저
일출과 일몰을 보고
그다음엔
밤하늘의 달과 별을 보리라

그리고 남는 시간에는
책상에 앉아 책을 보리라

그런데 만약
내가 태어난 그날에
온종일 장대 같은 비가 온다면
나는 하늘이 있는지도 모르고
죽으리라

그에 비한다면
우리의 인생은 길고 길지만
언제 죽을지 모르는 오늘 하루는
또 얼마나 소중한 것이냐

내 인생이 하루라면
하루밖에 없다면
나는 제일 먼저 꽃 구경 물 구경하고
그다음엔
단풍 구경하리라

그리고 남는 시간에는
책상에 앉아 시를 쓰리라

그런데 만약
내가 태어난 그날이
찌는 듯이 무더운 여름이라면
나는 눈꽃이 무언지도 모르고
죽으리라

그에 비한다면
우리의 인생은 길고 길지만
언제 죽을지 모르는 오늘 하루는
또 얼마나 소중한 것이냐

그런 숲이 되어 살고 싶네

내가 아주 어렸을 때
나는 한 마리 새였네
나무를 찾아가서 노래하는 새
듣는 것보다는 말하는 것 좋아하여
이곳저곳 옮겨 다니며 마구 지껄이는 새

내가 조금 더 나이 들었을 때
나는 한 그루 나무였네
찾아오는 새들의 노래를 듣는 나무
말하는 것보다는 듣는 것 좋아하여
온갖 새들의 갖가지 이야기를 듣는 나무

내가 새였을 때
나는 말하기 위해
수많은 책을 읽고 외웠으니
나의 지식은
나의 자랑이었네

내가 나무였을 때
나는 잘 듣기 위해
언제나 골똘히 귀 기울였으니
얻어듣는 지혜가
나의 기쁨이었네

먼 훗날 어른이 되었을 때
위험한 지식으로 죽을 수도 있었으나
남이 준 지혜가 나를 살렸으니
나는 늦게서야 지혜를 사랑하고
남을 사랑할 줄 알았네

그러나 이제 와 생각해보면
한때는 자랑으로 살았고
한때는 기쁨으로 살았으되
그 둘을 동시에 살지는 못하였네

나 더 늦기 전에
때로는 나무들 찾아가 지껄이는 새가 되고
때로는 찾아오는 새들의 수다를 듣는 나무가 되어
지식도 지혜도 더 이상 아무것도 바라지 않는
그런 숲이 되어 살고 싶네

바다

바다를 보면 왜 가슴이 뛰는 걸까?

그것은 아마도
미지의 누군가가
노골적으로 보내는
간절한 구애의 손짓 때문

우리 집 강아지처럼
맹목적인 파도의 앞발은
내 옷차림은 아랑곳없이
내게로 달려온다

아! 순박한 그 공세에
나는 외로웠었나 보다
조금도 기분 나쁘지 않고
오히려 미소가 번지고 있으니

나는 묻고 싶다
바람에 나부끼는 깃발처럼
끊임없이 내게 꼬리치는 너는
누구냐고

폭포

보고 싶은 마음은
저렇게 맹렬하게 가슴속으로 떨어져
소용돌이를 만드는구나

언제나 그 속에서 빠져나올 것인가

멀미가 날 듯이 맴도는
그리움

별 3

너를 만난 뒤로
더 이상
하늘은 보지 않는다

별은
네 눈 속에 있으니까

장미농장

1. 장미에게

나의 천성은 원래 나쁜 사람이었던가
너를 처음 본 그 순간
행여 누가 올까 봐 사방을 두리번거리고
남몰래 너를 꺾으려고 했다
그러나 너의 가시
나는 그 가시 때문에 너를 꺾지 못했다

— 너는 그 가시 덕분에 함부로 꺾이지 않았었구나

사랑하는 것과
사랑받는 것과의 사이에는
질투가 있어
사랑받는 것도
미움받는 것만큼이나 위험하다는 것을 알았으니
나는 더 이상 너를 원망치 않으련다

사랑의 속성은 으레 상대방을 독차지하려고 드는 법
질투를 유발하는 너의 운명이
너에게 가시를 주었나 보다

2. 장미를 사랑하는 사람에게

　우리는 사랑을 필요로 합니다. 그렇지만 얄궂게도 누군가를 사랑하는 사람은 그 사랑이 자신의 전부일 수 있지만 사랑받는 사람에게 누군가의 사랑은 단지 수많은 사랑 중 하나에 불과할 수도 있습니다. 따라서 우리는 누군가 한 사람만을 사랑할 수는 있어도 그 사람으로부터 자신만이 사랑받을 수는 없습니다.

키스 1

눈 뜨면
너는 내 눈 밖에 있고

눈 감으면
너는 내 눈 속에 있으니

두고두고 너를 보고 싶은 나
아예 두 눈을 꼭 감네

키스 2

너를 바라보고 있으면
네 눈동자 속에 내가 있듯이
너 또한 내 두 눈 속에 있으리
행여 너를 놓칠까 봐
아예 두 눈을 꼭 감네

후회

잊어버리자고
잊어버리자고
눈을 감으면
들려오는 소리

그 사람 항상 거기에 있어
눈 밝은 날은 찾아가고
귀 밝은 날은 기다렸네

내 청춘은 홀로 기뻐
잊지 말자고
잊지 말자고
두 눈으로 다짐할 때도
나는 그 목소리
전혀 듣지 못했었네

어느 날 그 모습 사라진 날
나의 눈 닫히고 마음의 귀 열려
지난날 못 들었던 그 소리를 듣고 있네
눈물 고인 두 눈으로 듣고 있네

모란

내 여태
말의 위력을 믿었지만
당신을 본 순간
갑자기 깨달았어요

사랑은 귀가 아니라
눈으로 온다는 것을

내 여태
말의 향연을 즐겼지만
당신을 본 순간
갑자기 깨달았어요

사랑은 왜
입이 아니라
눈으로 말하는가를

내 여태
온갖 교태를 보았지만
당신을 본 순간
갑자기 깨달았어요

현명한 임금이
왕관조차
버리는 이유를

하얀색 수국의 환영

비 오는 날
산책길에 우연히 만난
하얀색 수국

웨딩드레스 입은 공주가
왕자님을 기다리는 듯

풍만하고 우아한 왕비가
왕을 향해 경배하는 듯

나는 착각에 빠졌으니
하얀색 수국은 누군가
내게 건네는 부케일지도 몰라

결혼식의 추억인가
하얀색 수국을 바라보면
마냥 행복해지네

나는 한 그루 나무처럼

사랑받고 싶은 것은
나의 본능

사랑하고 싶은 것도
나의 본능

반듯한 사람이 되기는 글렀어요
그대가 있는 한

내 가슴속에는
빈집이 있어요

어느 날은 사랑하고 싶어서
어느 날은 사랑받고 싶어서

자꾸만 기웃거려요
그대가 있는 곳으로

그대여
나는 알고 있어요

내 몸이 기우는 곳에
그대가 있다는 것을

꽃무릇이 피고 지는 나날들

여자는
촛불을 켜기 위해
성냥 한 개비를 그었다

남자는 여자를 위해
촛대가 되었다

가을은
그 불 하나로부터 시작되었다

맨 처음 피어오른 불꽃은 꺼졌지만
맨 처음 그 불씨로
녹초의 심지마다 불이 붙었다

겨울부터 여름까지
기다리다
주저앉은 자리마다
떨어진 꽃잎들이 하나둘
잔불처럼 식었다

초로의 부부는
운명을 예감하듯 골똘히
서로의 얼굴을 바라보았다

여자는
열 달 후에 찾아올 아이의
엄마가 되었다

남자는 아이를 위해
촛대가 되었다

그 사람이 그리워지면

그 사람이 그리워지면
그 사람과 헤어진 곳을 찾아갑니다

그 사람과 헤어진 날은 알 수 없어
그 사람과 헤어진 곳을 찾아갑니다

날은 날마다 다시 오지만
그날은 다시 오지 않으니

오지 않는 그 사람 대신
그 사람과 헤어진 곳을 찾아갑니다

헤어진 날은 다시 오지 않아도
헤어진 곳은 다시 갈 수 있으니

그 사람이 그리워지면
그 사람과 헤어진 곳을 찾아갑니다

햇빛

창틈으로 기어드는 고양이처럼
불청객이지만 환영받는 것은 아마도
너 하나뿐

영원히 머물러라, 여기에

방바닥을 뒹구는 재롱둥이
세상에서 제일 귀여운 나의 벗

엇갈리는 운명

그가 젊어 가난했을 때
그는 그녀의 나이를 물었고
그녀는 그의 수입을 물었다

그가 늙어 부자가 되었을 때
그는 그녀의 재산을 물었고
그녀는 그의 나이를 물었다

처음부터 끝까지
엇갈리는
운명의 두 사람

그 이유는 단 하나,
진정으로
그가 본 것은 여자의 외모
그녀가 본 것도 남자의 외모

2

봄이 오는 강가에서

봄이 오는 강가에서

봄이 오는
강가에 수양버들
새 옷 차려입고
거울을 보네

거울도 질투할 만큼
아름다운 청춘이여
다시 찾은 청춘이여

보는 눈은 즐겁지만
알 수 없는 까닭에
허전해지는 마음

저 버들처럼
내게도 다시 봄이 온다면
사랑하고 싶어라
바람이 이네

하늘매발톱 꽃

하늘을 날던 매가 내려와
꽃 위에 앉은 것인가, 아니면
하늘을 날던 매가 내려와
움켜잡은 꽃인가

이것은 분명 신의 설계다

우연이라고 말할 수 없는 그 자태에
무신론을 버리고 나도 꺾이고 싶구나

무릎 꿇고 바라보고 있으면
어디선가 신의 음성 들려오는 듯

금낭화

오선지 위에서
고무줄놀이하는
음표들같이

처마 밑 둥지 속에서
시시덕거리고 있는 그때는 느낄 수 있었지만
제비 새끼들같이 지금은 느낄 수 없는 설렘

오솔길 그늘진 곳에 아름다운 노래처럼
갈래머리를 한 소녀들 자꾸만 다시 듣고 싶구나
  아름다운 그림처럼
사춘기의 첫사랑은 자꾸만 다시 보고 싶구나
누가 보지 않아도
얼굴이 붉게 달아오른다 소녀들이 손을 흔든다
  "소중한 것은
  가슴속에 묻어두지 말고
  꼭 열어 보세요"라고
  열쇠를 건네는 것처럼

단풍나무

날개 있는 새들이
둥지를 지을 때
날개 없는 나무는
날개를 만든다

일편단심으로 붉어진 프로펠러
그것에서 나는
단풍나무의 간절한 꿈을 보았다

아! 꿈의 위대함이여!

날개를 만든 부모는
비록 그 자리를 떠나지 못했지만
대신 자식들이 멀리 날아가
넓은 세상을 보았다

별이 빛나는 밤에

― K에게

어릴 적
마당에 깔린 멍석에 누워
아무런 걱정도 없이 바라보던
여름날의 밤하늘에
아련해진 추억들에
두 눈 가득 눈물이 차오르네

천장에 매달린 조명등처럼
손 내밀면 잡힐 듯 가까이 내려와
속살거리던 은하수
마치 비처럼 쏟아지던 무수한 별빛들

그 별들은 아직 그 자리에
있으련만 우리만 변해서
욕망의 네온사인을 좇는
부나방이 된 것은 아닌가

벗들은 멀어지고
부모 형제 뿔뿔이 흩어져
사는 것이 낯설 때
친구여,
고향으로 돌아가자
그곳에서는 가난한 밤에도
반짝이는 행복을 찾을 수 있었으니

반딧불이

어두운 밤
내 마음을 밝혀주는
반딧불아

공작새의 외모와 꾀꼬리의 목소리 따위
부러울 게 무어냐

너는 그 둘을 합친 것보다 더 빼어난 것을
가졌으니

공작새처럼 화려하게
날개를 펴지 않아도

꾀꼬리처럼 아름답게
노래하지 않아도

유성처럼 반짝이며
돋보이는 그 빛 있으니

질투하는 어둠이 와서
온몸을 감출지라도

시샘하는 천둥이 와서
세상을 덮을지라도

혜성처럼 다가오는
그 빛은 가릴 수 없네

참죽나무

잎이 떨어진 자리마다
누군지 알 수 없는 얼굴이 있다

이별을 기념하듯이
재회를 기약하듯이

하나둘
하나둘

슬픔에 잠긴 듯이
희망에 잠긴 듯이

하나둘
하나둘

비슷한 듯 각기 다른 얼굴이 있다

맨 처음 그것을 봤을 때는
누군가의 장난인 줄 알았다
그러나
그러나
나무라고 어찌 얼굴이 없겠는가
나무라고 어찌 희노애락이 없겠는가

만약 윤회가 있다면
언젠가는 나 또한 나무가 되어
여기 이렇게 그리움으로
홀로 서 있으리라

벌새

이 세상에 살아남은 모든 것들은
다 그만한 이유가 있다

꿀을 빨기 위해
온몸이 빨대가 된 듯

공중에 뜨기 위해
온몸이 날개가 된 듯

손바닥에 굳은살 박이듯
맨몸을 도구로 살아남은

오!
삶의 그 숭고함이여!

동백꽃 2

누군가 찍어놓은 입술 자국
지워지지 않는다

이빨은 없지만 흡혈귀의 자식인 듯
붉은 피를 갈구하는 입술

탱탱한 고무공이 되어 뭍으로 추락하는 거머리같이
어리석은 탐욕은 땅에서도 멈추지 않는다

마치 셔틀콕인 양
땅바닥을 뒹굴고 있으면서도 다시 튀어오를 듯
아직 오물거리고 있는 입술

사랑도 지독하면 징그러운 동물과 같으니
이별을 예감할 때
우리는 손보다 먼저 미련을 놓아야 한다

입술에 남아있는 멍 자국이
벌써 희미해지고 있다

마삭줄꽃

꽃향기는 어떻게 내게 오는가
바람을 타고 오는가, 아니면
날개를 달고 날아오는가

바람이 불어오는 곳에서 보았네
다섯 개의 날개를 가진 바람개비를 보았네

옛사랑은 어떻게 내게 오는가
바람을 타고 오는가, 아니면
날개를 달고 날아오는가

바람이 불어오는 곳에서 보았네
다섯 개의 날개를 가진 아기천사를 보았네

초롱꽃

도대체 누가 걸어놓았을까?

도대체 누구를 기다리고 있을까?

오늘은 그 사람을 만날 수 있을까?

길가의 초롱불 옆에서 시름이 깊어지네

모과를 줍다

산책길에 발견한 모과나무
밑에 떨어진 노란색 모과

빡빡머리
중대가리 같이 못생긴
모과라고 놀림 받던
내 동생같이 생긴 모과

잘 모르는 사람들은
겉모습만 얼핏 보고 오해하지만
사실은 매력덩어리

붉은 그 꽃은
하얀 배꽃보다 더 이쁘고

화끈한 그 열매의 향기는
엉큼한 참외보다 더 향기로워

풀숲 속에 떨어져
꼭꼭 숨어있어도 감출 수 없는
그 빛깔
그 향기

모과가 익을 때는 모과를 줍기 위해
일부러 모과나무 밑을 찾아가네
아침에 한 번
저녁에 한 번

귀어도

하얀 보름달이 떠오르는 어슬녘
온종일 잡은 물고기래야 겨우 한 마리
한 손에 들고 귀가하는 어부

산기슭에 홀로 깜빡이는 등불
아비를 기다리는 자식들의 눈빛인 양
빨라지는 어부의 발걸음

무지개다리 건너 낡은 오두막집
고기 구워 먹일 생각에
입가에 절로 번지는 미소

나무의 꿈

내가 할 수 있는 건 이것뿐이야
봄날의 꽃이 되는 것
내가 바라는 건 단 하나
누군가가 즐거울 수 있다면 그뿐

내가 할 수 있는 건 이것뿐이야
여름날의 그늘이 되는 것
내가 바라는 건 단 하나
누군가가 쉴 수 있다면 그뿐

내가 할 수 있는 건 이것뿐이야
가을날의 열매가 되는 것
내가 바라는 건 단 하나
누군가가 배부를 수 있다면 그뿐

내가 할 수 있는 건 이것뿐이야
겨울날의 벌거숭이가 되는 것
내가 바라는 건 단 하나
누군가가 옷이라도 걸 수 있다면 그뿐

날아가지 않는 새

사람을 보고도 날아가지 않는 새
날아가지 않아서 사람 손에 잡힌 새
그 새는 알을 품고 있었다

어미 새는
아마도 죽을 각오를 했나 보다

새는 둥지를 지을 때
지붕을 이지 않고 남겨둔다

지붕 없는 빈집에
새가 들어가 스스로 지붕이 될 때
비로소 집이 완성된다

어미 새는
비가 오면 비를 맞고
눈이 오면 눈을 맞는다

비 맞고
눈 맞으며
어미가 된 새는
날개가 있어도 날아가지 않는다
새끼들이 날개를 달고
둥지에서 떠날 때까지

첫눈

겨울이 오면
기다리네
기다리네
첫눈을 기다리네

첫눈이 오면
그리워지네
그리워지네
첫눈에 반했던
그 사람이 그리워지네

겨울이 가고
겨울이 가고
또
겨울이 가도

다시 겨울이 오면
그리워지네
그리워지네
오지 않는
그 사람이 그리워지네

낙엽

나무는 어떻게 가을을 아는가
곡기를 끊고 죽음을 맞이하는 도인처럼
내공이 깊은 나무는 태연히 겨울을 기다리네
철없는 내가 그 치열한 단식의 흔적을 감탄했듯이
사람의 마지막도 그렇게 물들일 수 있다면 좋겠네
당당하게 단풍이 들고 망설임 없이 떠나는 것은 아름답구나
간혹 가지 끝에 매달려 말라죽은 미련은 얼마나 추한가를 보아라
가진 것은 남김없이 모두 버리고 가야 한다는 것을 낙엽은 말하고 있네
받은 것보다 더 많은 것들을 돌려주고 가는 나무

태양

이제 막 세수하고 나온 듯
맑고 고운 얼굴

아기처럼 순한 얼굴

그 얼굴 어디에
독침을 숨겨뒀는지

마음껏 바라볼 수 없게 하누나
벌이 쏘는 것처럼

3

평화의 소녀상
옆에 앉아서

평화의 소녀상 옆에 앉아서

오늘 나는 용기를 내어
단발머리 소녀 옆
빈 의자에 가서 앉았습니다

막상 의자에 앉고 보니
소녀는 간데없고 할머니가 대신
그 자리에 앉아 있었습니다

빈 의자 옆에 앉기를 망설인 시간이
그렇게 길었나 봅니다

할머니의 어깨 위에는
뭍을 찾아 떠났다가 다시 돌아온 새처럼
새 한 마리 아직 앉아 있었고,

할머니의 발끝은
흔들리는 방주 속을 걷는 것처럼
뒤꿈치가 살짝 들려 있었습니다

제가 고개를 돌려 정면을 바라봤을 때
저를 바라보는 사람들의 시선이 따가웠습니다

그때 저는 곰곰이 생각해보았습니다
한쪽에선 침략자로 여겨지는 사람이
다른 쪽에선 영웅으로 칭송되어서는 안 된다는 것을,
어떤 나라의 슬픔이
다른 나라의 기쁨으로 기록되어서도 안 된다는 것을,
더 나아가
침략과 전쟁은 인류 모두에게 슬픈 역사로,
평화와 공존은 인류 모두에게 기쁜 역사로 기억될 때
비로소 모든 인류가 자국을 위해 다른 나라를 해치는 일을
중단하게 될 것이라는 것을

하지만 우리에게는 그보다 앞서 해야 할 일이 있습니다
국가의 폭력으로 빼앗긴 연약한 피해자의 삶이,
도도한 역사의 흐름 속에 예토로 휩쓸려온 한 여인의 삶이
개인의 잘못인 양 지탄받고 있습니다

그리하여 저는 할머니처럼 두 손을 움켜쥐고
마음속으로 외쳤습니다
죄 없는 사람들이 왜 죄인처럼 비난받아야 합니까
나라가 지은 죄를 왜 국민 개개인이 감당해야 합니까

죄 많은 자가 더 많은 돌을 던집니다
어떤 사람은 스스로의 잘못을 덮기 위해
어떤 사람은 스스로의 수치를 감추기 위해
자신에게 던져야 할 돌을 도리어 남에게 던집니다

용서하여요[*], 할머니
할머니가 그랬듯이
삶이 곧 죄였으니
살아있는 사람들을 용서하여요

---

* 한용운의 시, 〈논개의 애인이 되어서 그의 묘에〉 차용

그리고 사랑하여요
누구도 아닌
당신을 사랑하여요

당신만이 겪은 그 모진 세월은
당신의 행복을 위해 잊어버리고
용케도 견뎌낸 당신을
사랑하여요

안티고네

아버지의 이름은 오이디푸스
오라비의 이름도 오이디푸스
까닭 없이 저주받은 아버지와
오라비는 둘이 아닌 한 사람

자기도 모르게 지은 죄
천벌은 두렵지 않았으나
아버지는 제 눈을 찔러
부끄러운 세상을 보지 않았네

그의 곁을 지키는 딸 있어
그의 두 눈 되었으니
그녀의 이름은 안티고네

기쁜 날도 아버지와 함께 있었고
슬픈 날도 아버지와 함께 있었네

운명 따위 괘념치 않고
운명의 변덕에도 태연한
그 아버지와 그 딸

한번 마음 정하면 절대로 꺾이지 않는
그 아버지의 그 딸, 그 이름은 안티고네

아침 해 뜨면

아침 해는 지우개처럼
밤하늘의 별을 지운다

지워진 별들은 무리 지어
지평선 밖으로 날아간다

하늘은 마치 원래 새집인 양
누군가 살다 간 흔적도 없다

호박같이 다정한 그 얼굴에
온갖 상상은 시력을 잃었다

달구경

하늘의 달은 하나인데
바라보는 사람은 여럿
아무리 나누어도 제 몫이 줄지 않으니
달구경은 인심도 좋아

과속방지턱

[천천히 가는 사람의 눈에는 다채로운 주변의 풍경이 보인다.
그런데 우리는 조바심 때문에 단조로움을 면치 못한다.]

어릴 적 성질 급한 나에게
아버지는 말씀하셨지
너는 성질이 급하니
마음속에 소 한 마리 끌고 다녀라

어릴 적 화 잘 내는 나에게
어머니는 말씀하셨지
너는 화가 많으니
참을 인자 세 번이면 살인도 면한다는 말을
명심하거라

어린 시절 소달구지 타고
비포장길을 갈 때
내 마음속에도 소 한 마리 있었지

개울을 만나면 발을 담그고 쉬었다 가고
나무를 만나면 그늘에 앉아 쉬었다 가던 그때
나는 한 마리 소가 되어
앉으나 서나 참을 인자를 되새김질하고 있었지

어느덧 어른이 되어
아스팔트로 포장된 도로가 생겼을 때
하루 걸려 가던 길을 한 시간에 가게 됐을 때
아버지의 말씀도 잊어버리고
어머니의 말씀도 잊어버리고
마음속에 놀고 있던 소도 잃어버렸네

조금만 길이 막혀도 투덜투덜
무엇에 쫓기듯 언제나 조급한 마음이여,
이제 잠시만 …
운전대 대신 소고삐를 잡고
옛날로 돌아가자

4월이 오면

겨울은 가혹하여
죽음을
생각하게 했지만
그것은 관념으로만
가능했던 것

단단했던 발밑의
얼음이 깨지고 물속에 빠지자
나도 모르게 터져 나오는
비명 소리

실천이 없는 믿음은
참된 믿음이 아니었음을
내 몸이 증명하네

살고 싶다
살고 싶다
미치도록
살고 싶다

목숨이 붙어있는 한
희망은 있다고
4월이 오면
지난날의 한숨은 죄다
꽃이 되고 잎이 되어
바람 타고 날아간다
구름 향해 손 흔든다

다시 통영에 갔다 와서

삶과 죽음이 함께 있어도
눈앞에 보이는 것은 오직 삶뿐이었던가

서서히 변하는 것들은
변하지 않는 것처럼 보여
가까이 있는 사람들은
그 변화를 눈치채지 못한다
단지 뜨내기만이 그 차이를 알 수 있을 뿐

내가 아는 어떤 곳에 오랜만에 다시 찾아갔을 때
내 기억과 다른 모습에 놀라지만
사실은 그 기억이 잘못된 것인지도 모른다
넓었다고 생각했던 초등학교 운동장이
생각보다 훨씬 좁다는 것에 놀라는 것처럼

아니면 기억은 정확하지만
모든 것은 날마다 조금씩 변하고 있기때문에
그 차이에서 오는 부조화인지도 모른다

작았다고 생각했던 교정의 플라타너스가
생각보다 훨씬 더 큰 거목임에 놀라는 것처럼

마찬가지로 세월이 가고
세상이 아무리 변했어도
나도
내 친구도
전혀 변한 게 없다고 느끼는 건
나만의 착각일지도 모른다

그렇다

통영에서
내 눈으로 직접 본 얼굴들은
분명 예전 그대로였다
그러나 집에 와서
사진으로 다시 본 모습은
늙어도 너무 늙어 있었다

또 하나의 깨달음

나는 높은 산꼭대기에 올라가서야 알았다

사람의 날고 싶은 욕망은
하늘이 아니라 땅에 있었다는 것을

새들이 사람보다 먼저 본 것은
높은 산의 정수리였다

위에서 바라보는 정수리에는
높이가 없고 넓이만 있다

회남재

산마루 꼭대기까지 올라와서도
단 한 번도
그 고개를 넘지 않은 사람 있었으니
그 발길 돌림을 알고 후학은 부끄러워하네

앞길 툭 터진 대처를 보고도 못 본 척
차라리 맑은 계곡물로 주린 배 채우겠다고
산속으로 들어가는 의기,
이후로는 다시 볼 수 없없네

오늘 나는 여기에 와서
세상의 유혹을 뿌리치기란 얼마나 어려운 것인지 알기에
두 번 세 번 절하며 경배하네
나는 줄기차게 좇았지만 잡을 수 없었기에 더더구나

내 인생의 붉은 여왕

내가 소년이었을 때
나는 얼마나 경쾌했던가
그때는 두 눈보다 빠른 발이
미래의 내 얼굴을
보고 오기도 하였다

내가 청년이었을 때
나는 얼마나 당당했던가
그때 나는
나의 정면을 보았다

내가 장년이었을 때
나는 얼마나 신중했던가
그때의 나는
옆을 보며 걸었다

마침내 노년이 되었을 때
느려진 발은
내 뒤통수를 보았다

이제야 고개를 끄덕인다
옛날의 노인들이
차라리 땅을 보며 걷던 이유를

거울

사람은 사람을 가리지만
거울은 사람을 가리지 않는다
거울은 취사선택하지 않는 그것으로
만인의 귀감이 되었다
명심하라
거울 속에 네가 있고
네 안에 거울 있으니
낮에는
두 눈 크게 뜨고
거울 속의 너를 살펴보고
밤에는
두 눈 꼭 감고
네 안의 거울을 들여다보라

걸레 앞에서

똥이 무서워서 피하나 더러워서 피하지,
했다가도

다시 생각해보면 더러운 세상,
조금도 닦아내지 못하고 꾹꾹 참고 있는 나

차라리 제 몸을 더럽히고 마는 걸레 앞에서 고개 숙일 것,
입 닥치고 조용히

계절에 따른 공간의 왜곡

산이 개인의 공간이라면
바다는 집단의 공간

산이 낮의 공간이라면
바다는 밤의 공간

산에서는 고독과 인내가 미덕이라면
바다에서는 사교성과 즉흥성이 미덕

산이 관조를 즐기는 노인의 터전이라면
바다는 유희를 즐기는 청년의 터전

그런데 일반상대성이론에 따르면
중력은 시공간을 휘게 했다지

계절에 따른 공간의 왜곡

겨울 산
여름 바다에서

겨울 바다
여름 산으로

궁금증

매의 눈을 먹으면 시력이 좋아질까?

말 다리를 먹으면 달리기를 잘 할 수 있을까?

이렇게 어리석은 질문에 나올 수 있는 답은 뻔한데

뭐가 정력에 좋다고 하면 왜 다 속을까?

끝없는 기다림

전화는 오지 않았다
기다리는 소식은 오지 않았다

수화기를 들어본다
뚜우 뚜우 뚜우
전화는 죽지 않았다
분명히 살아있었다

오지 않는 전화를 기다리며
또 한 해가 간다
내년이면 벌써 예순 떼고 세 살

이제는 어쩔 수 없이 물어야 한다

신(神)이 없는 것인가
아니면
내가 없는 것인가

무소음 시계

아이들 방에는 시계가 없다

무소음 시계조차도 시끄럽다며
건전지를 빼내는 것이 아이들이다

어른들에게 들리지 않는 소리가
아이들의 귀에는 들리는가 보다

귀가 어두워진다는 것과
못 듣는 소리가 있다는 것을
어른들은 곧잘 잊어버린다
하물며 무소음이라는 이름까지 붙었음에랴

아이들은 들리는 소리를 모두 듣지만
어른들은 듣고 싶은 소리만 듣는다

아이들의 시간은 느리게 흐르지만
어른들의 세월은 빠르게 간다

그 차이 속에
어른들이 모르는
아이들의 세계가 있다

비밀번호

내가 만든 비밀번호가 나에게도 비밀이 된다면

나는 더 이상 아무것도 캐묻지 않으련다

내일 일은 아무도 모르지만 소유보다 소중한 것은 자유

사진과 기억

앨범은
시간을 담는
김칫독이다

사진은
지금 이 순간이 아니라
미래를 위해
지금 이 순간을 남겨놓는 것

자고로
기록되지 않은 역사는
잊힌 것이 아니라
사라진 것이다

사진은
미래의 햇빛 속에서
끊임없이 다시 부활하는
현재이다

알아야 면장을 하지

면장은커녕
면서기도 못 해 본 주제라
할 말은 없지만
도둑놈이
대궐을 보려면
높은 담을 넘어야 한다
는 것쯤은 안다

옛날과 지금

옛날엔

하늘이 알고
땅이 알고

낮말은 새가 듣고
밤말은 쥐가 듣는

양심이 있었다

그러나
지금은

아예 드러내놓고
그 자리를 찬탈한
사람과
그의 밀정들

그들에게 더 이상 자비는 없다
오직 증거만이 있을 뿐

잡초를 뽑으며

잔디밭의 잡초가 자라듯이
마음속의 잡초는 잘도 자란다
뽑고 또 뽑아도
없어지지 않는 잡초

뽑다가 뽑다가 지쳐
나도 모르게 외치는 소리
차라리 염소가 나보다 낫지

잠시라도 두 손 놓고 있으면
불쑥불쑥 떠오르는 생각
아마도 나는 잡초인가 보다

장화

내가 장화를 신는데 아버지 발이 들어간다

발은 분명 내 발인데
장화 속으로 들어가는 것은
아버지 발이다

마루에 걸터앉아 장화를 신던 아버지의 모습
나는 아침마다 그 모습을 보기만 했었는데
오늘 아침 마루에는 아버지 대신 내가 앉아있다

너는 신지 말라던 아버지의 그 장화를 신고
나는 또 옛날의 아버지처럼 아들을 생각한다

축축한 장화 속 마르지 않는
가려운 발은
긁어도 긁어도 긁어지지 않는다

4

산사에서의 하룻밤

산사에서의 하룻밤

나의 천성은 원래
사랑보다는 미움이 더
많았던 것일까?
아무리 잊으려고 해도 분노가
흐르는 강물처럼 밤새 그칠 줄을 모르고
바닥 깊은 곳까지 뒤척일 때

똑 똑 똑 …

산사의 아침은
사발시계의 초침처럼
목탁 소리가 걸어다닌다

그 소리는 신발도 벗지 않고 마루를 건너
방 안까지 곧장 들어와
잠 못 드는 사람의 심연에 징검다리를 놓는다

어둡고 깊은 강물을 건너오는 징검돌,
마치 대답하지 않는 방문을 두드리듯이
내게로 다가올수록 그 돌은 점점 더 커져간다

그리고

그 소리에 놀란 강물이 잠시 잔잔해질 때
바윗돌처럼 무거웠던 것들이
발길을 돌려 건너편으로 다시 돌아가는 듯

똑 똑 똑 …

어둡고 깊은 강물을 건너가는 징검돌,
마치 신음하고 있는 방문을 다독이듯이
내게서 멀어질수록 그 돌은 점점 더 작아진다

나의 마음은 언제쯤
미움보다는 사랑이 더
많아질 수 있을까?
강물은
날이 밝을 때까지
잠 못 이루고 다시 뒤척인다

이상과 현실

[하늘에서 아무리 많은 비가 내려도
 각자 제 그릇만큼만 담는다. - 법화경]

연잎
위에 앉아있는
물방울

선정에 든
수면 위로 떨어져
파문이 인다

작은 점이 점점 커지며
연못만 한 동그라미가 된다

그것은 아마도
한 소식 듣고 몸서리치는
연못의 감탄사

가슴속에는
하늘이 들어있는데

더 크게 그리고 싶어도
연못 밖으로 나가지 못하는
동그라미

손 씻음

수술을 앞둔 의사는
수도꼭지 앞에서 두 손을 비빈다
옛날에 어머니들이
천지신명께 빌 듯이

병상에 누운 환자는
의사를 신처럼 믿고 있는데
의사도 실은 인간인지라
첫 번째 기도는 자비를 구하고
두 번째 기도는 용서를 구하네

하느님,
오늘 제가 수술대 앞에 서는 것은
당신의 권세를 탐함이 아니라
고통받는 인간의 모습을 견디지 못하는 당신의 품성을
잘 아는 제가
당신 대신 그 자리에 서고자 하는 것이니
이 손을 당신의 뜻에 합당한 도구로 쓰시어
꺼져가는 한 생명을 살려주시고,
아울러 당신의 허락도 없이 함부로
당신의 역사에 관여하는 저의 죄도 사하여주시옵소서

나는 믿고 있네
의사의 손은 그 기도로써 죄 씻김을 받고
능력을 얻었다고

하늘은 야단법석

하늘은 야단법석
해님이 아무 말 없이 거울을 들고 있으면
구름은 온갖 방편을 다해 마음을 보여준다

하늘은 야단법석
별들이 두 눈으로 설법을 들으면
달님도 따라와서 얼굴로 듣는다

하늘을 다녀온 새들이 소리 내어 다시 읊으면
강과 산이 알아듣고 받아적는다

밤과 낮 가림없이
나 혼자 보기에는
너무나 위대한 법석

보리수나무 전설

스님이 열반에 들자
보리수나무
북쪽에 부도탑을 세웠다

나무는
남쪽으로 뻗어있던
가지를 모두 북쪽으로 돌려
지붕이 되었다

이를 본 스님들은
살아생전 스님의 공덕을 기렸다

소문을 듣고 멀리서
찾아온 사람들이
나무를 경배하고 술을 바쳤다

소리를 보리라

바라보고
들어보고
맡아보고

먹어보고
만져보고
느껴보고

이 중에 제일은 바라봄이라
이 중에 제일은 바로 보는 것이라

두 눈으로 직접 바라보지 않으면
눈물샘은 자비가 없으리

고통받는 이 세상
신음하는 소리를 보리라
들어보리라

욕심 많은 이 세상
기도하는 소리를 보리라
들어보리라

그 이름은 관세음
나무 관세음

손

에덴동산에서 추방된 아담은
다행히 선악과를 딴 그 손은 벌 받지 않았다
평생 노동의 형벌을 받는 대신 남겨진 존엄,
그리하여 노동하는 손을 가진 아담은 동물과는 다른
사람이 될 수 있었다
그러므로 육신의 낙원에서 정신의 낙원으로 추방됨은
벌이 아니라 사실은 인간을 편애했던 신의 선물이었다

산사음악회에 다녀와서

- K형에게

K형! 어제저녁 서해 변산의 작은 절에서 열리는 음악회에 가기 위해 부안으로 가는 국도를 따라 자동차를 몰았습니다. 내심 드넓게 펼쳐진 황금 들녘과 나 어린 소녀처럼 까르르 웃어대는 코스모스라도 보면서 흥을 돋울 요량으로 약간 이른 시간에 출발했지만 이미 추수가 끝난 벌판은 텅 비어 있었고, 말린 꽃처럼 생기를 잃은 길가의 코스모스는 어느 변방의 파수병인 양 표정도 없이 직립해 있었습니다. 예상보다 훨씬 더 돌아가 버린 시곗바늘에 당혹감을 느끼며 황야를 더듬고 있노라니 새삼스럽게도 이런 조락을 처음 보는 사람처럼 슬픔이 밀려오는 것이었습니다.

K형! 어느덧 10월의 막바지, 마구잡이로 쏘아대던 화살이 떨어진 듯 황망해진 태양은 산 너머로 서둘러 몸을 숨기고, 발 빠른 땅거미에 쫓기며 도착한 산사엔 채 식지 않은 화롯불처럼 잔광을 머금고 있는 나뭇잎들이 때늦은 순례객을 위해 간신히 어둠을 밝히고 있었습니다. 밖으로 치닫던 흥분을 가라앉히고 가만히 눈을 감았습니다. 시선을

뺏긴 어둠 속에선 청각만이 예민해져 비로소 바람 소리가 들려왔습니다. 보이는 것은 슬픔이었지만 들리는 것은 슬픔이 아니었습니다. 슬픔으로 본 것은 나 자신이었지 그들이 슬픈 건 아니었습니다. 자연은 희열도 회한도 없었습니다. 오직 담백한 삶의 노래만 있었습니다.

K형! 난생처음 듣는 오카리나 소리는 참 자연을 닮았다고 느껴졌습니다. 기쁨도 슬픔도 담지 않고 솔바람 소리에 뒤섞여 앞서거니 뒤서거니 다가오는 그 소리는 정확히 어디에서 오는 것인지 분간키 어려울 지경이었습니다. 문득 가을 찬바람에 몇 장 남지 않은 이파리를 붙들고 있는 나무들처럼 겨우 두어 장 밖에 남지 않은 달력을 의연히 매달고 있는 사무실 벽이 떠올랐습니다. 돌이켜보니 나는 언제나 벽이기보다는 벽을 바라보는 눈이었습니다.

K형! 언젠가 형이 말했듯이 낙화는 분명 한 세계의 종말이지만 동시에 새로운 세계로 들어가는 시작이기도 합니다. 따라서 과거에서 미래로 이어지는 모든 순간은 존재 그 자체의 탈바꿈과 같은 것입니다. 그러므로 우리는 지금 이 순간 우리 앞에 존재하는 모든 존재를 존재 그 자체로서 사랑해야 합니다. 존재 그 자체를 사랑할 때 비로소 모든 존재를 사랑할 수 있기 때문입니다. 그러므로 우리는 지금 이 순간 우리 앞에 존재하는 모든 존재를 존재 그 자체로서 사랑해야 합니다. 존재 그 자체를 사랑할 때 비로소 모든 존재가 사랑받을 수 있기 때문입니다. 존재 그 자체로서 사랑받는 존재는 어느 한 순간도 슬프지 않습

니다. 삶 자체가 목적이기 때문입니다.

K형!
존재의 겉모습은 시시각각 탈바꿈하고 있으므로,
현재의 인상만으로 존재의 참모습은 알 수 없으므로,
지금 이 순간 여기에서 사라지는 것들을
더 이상 슬퍼하지 않겠습니다.

우리들의 하느님, 전기

전지전능하시고 무소부재하신
전기야말로 우리들의 하느님

빛과 열과 힘은 원래 한 몸이로되
사람이 필요로 하는 곳에
필요한 모습으로
그 모습을 바꾼 것뿐이로다

어두운 곳을 헤매고 있는 자들아
다 전기를 찾아가라
그러면 그가 우리를 밝게 하리라

추운 곳에서 떨고 있는 자들아
다 전기를 찾아가라
그러면 그가 우리를 따뜻하게 하리라

어두운 곳에서는 빛이 되고
추운 곳에서는 열이 되도다

수고하고 무거운 짐 진 자들아
다 전기를 찾아가라
그러면 그가 우리를 쉬게 하리라[*]

먼 길을 가고자 하면 발 빠른 말이 되고
무거운 것을 들고자 하면 힘센 소가 되도다

배고픈 아이가 엄마를 찾듯 전기를 찾으라
그러면 그가 우리를 배부르게 하리라

두려워하지 말라[**]
전기가 우리와 함께 함이라
놀라지 말라
전기는 우리들의 하느님이 됨이라
참으로 우리들을 도와주리라

---

[*] 마태복음 11장 18절 인용
[**] 이사야 41:10 인용

낙엽과 비의 블루스

마당 한쪽에
죽은 듯이 누워있던 낙엽들이
한여름 장맛비에
물고기처럼 일어나
꿈틀꿈틀 움직인다
비 온 뒤의 마당은
낙엽들이 윤회하는
아직은 예토(穢土)
어차피 오는 비라면
아예 홍수가 나도록 와서
산 물고기 헤엄치는
연못이나 되었으면 좋겠네

무씨를 심는 중

스님들은 한여름 빈 밭에 무씨를 심는다

땀 흘려 농사지어 얻고자 하는 것이 기껏해야 무

올겨울 안거엔 무자 화두를 들려는고

미륵을 기다리는 사람

하루도 빠짐없이 돌부처를 찾아와 기도하는 할아버지
나를 볼 때마다
〈이렇게 힘든 세상에 부처님은 왜 이렇게 안 오신대요?〉
라고 한탄하신다

내가 말없이 웃으면
〈나 죽기 전에 오셔야 할 텐데 빨리 오셔야 할 텐데〉
그렇게 중얼거리며 어기적어기적 내게서 멀어진다

할아버지의 무거운 뒷모습을 보면서
〈부처는 기다리는 것이 아니라 되는 것 아닌가요?〉
라고 되묻고 싶었던 것을
꾹 참기를 잘했다고 생각한다

할아버지도 다 알고 있으리라
삶에 지쳐 도움이 절박한 사람에게는
힘내라고 말하는 것이 아무 소용없다는 것을

어떤 기도

내가 나의 건강을 빌 때
이 세상 모든 사람의 건강을 비는 사람 있었습니다

내가 나의 행복을 빌 때
이 세상 모든 사람의 행복을 비는 사람 있었습니다

그 순간 나는 알았습니다
지금 내게 주어진 건강과 행복은 모두
바로 이런 사람의 기도 덕분이었다는 것을

그 순간 나는 알았습니다
의인 한 사람의 기도가
한 도시를 멸망에서 구원으로 이끌 수 있다는 것을

역설

구하라.
그러면 너희에게 주실 것이요

찾으라,
그러면 찾아낼 것이요

문을 두드리라,
그러면 너희에게 열릴 것이니

구하는 이마다 받을 것이요
찾는 이는 찾아낼 것이요
두드리는 이에게는 열릴 것이니라
* 누가복음 11장 9절~10절

구하지 마라,
구하지 않으면 마음이 편안할 것이요
구하면 구할수록 마음은 번민에 찬다
* 달마대사

두드리지 말라,
문은 항시 열려있다
두드리는 그 마음이 또 하나의 문을 만든다
* 마조대사

아무것도 구하지 않고
아무것도 찾지 않고
어떤 문도 두드리지도 않을 때
구할 것도 없고
찾을 것도 없고
문을 열 것도 없는 대자유를 얻는다고?

한쪽은 너무 자신만만하고
한쪽은 너무 무책임하고

연등 달기

낮에는 햇빛을 담을 듯이
밤에는 달빛을 담을 듯이

하늘을
가득 채운
연등

그 뜻은 갸륵하지만
텅 빈 가슴 속은
영원히 채울 수 없는 것

어디서 오는지 알 수 없는 바람은
어디로 가는지 알 수 없는 마음은

해와 달을 가린 채
온종일
공중에 매달려 있었다

진정한 기도는
혀가 아니라
두 손으로 하는 것

용을 믿는다면
꼬리를 달아주자
연등이 날갯짓하게

오방난전

[형식의 제약이 없을 때 형태의 자유가 가능하다.]

근엄하신 부처님들과 달리
나한님들은 오방난전을 벌였으니

한 분 한 분 살펴보는 동안에
웃음이 저절로 터져 나와

어딘가 막혔던 곳이
확 뚫리는 느낌

금당에서 들고나온 짐보따리
나한전에 놓고 오네

5

알파세대의
생일 노래

알파 세대의 생일 노래

어른들은 말하지
너희들은 모름지기 이렇게 해야 한다고
그러면서 자기들이 원하는 것을 강요하지

심지어는 내 생일날 그 하루마저
자기들 마음대로 하려고 하지

제발 부탁인데
촛불을 켤 것이 아니라
내가 원하는 것을 해줘

내 키가 크다고 내가 어른인 줄 알아
난 아직 어리단 말야
이마에 난 여드름을 봐
난 아직 어리단 말야
그러니 제발 나 좀 내버려 둬
아무것도 강요하지 마

어른들은 말하지
내가 너를 얼마나 사랑하는지 아느냐고
그러면서 내가 좋아하는 것이 뭔지도 몰라

심지어는 내 생일날 그 하루마저
자기들 마음대로 하려고 하지

제발 부탁인데
촛불을 켤 것이 아니라
내가 원하는 것을 해줘

내 키가 크다고 내가 어른인 줄 알아
난 아직 어리단 말야
이마에 난 여드름을 봐
난 아직 어리단 말야
그러니 제발 나 좀 내버려 둬

다시 찾아온 쥐

1.
흔적을 남기지만 않는다면
밤마다 부엌에서 빵이 없어진 것이 누구의 소행인지
알 수 없을 것이다

고양이는 으레 범인으로 지목받지만
얌전한 그는 결코 변명하지 않는다

범인을 알았으면 덫을 놓고 기다리기만 하면 된다

2.
덫이 놓인 부엌은 기대와 달리 평화롭다
모든 것이 제 자리에 그대로 있다

지난밤엔 어떻게 알고 오지 않았는지
그의 예지력에 놀라는 순간
휴지통 속에서 무언가 움직이는 소리가 난다

그것은 한 마리 어미 쥐

남이 파놓은 함정보다 무서운 것은 방심
그러나 한 번의 실수는 눈감아주는 것이 인정법
차마 해칠 수 없어 담 너머로 살려 보낸다

3.
다음 날 아침 안심한 것도 방심
어제 그 쥐가 점심때쯤 다시 찾아온다

호의를 호감으로 착각했거나
아니면 호의를 호감으로 바꾸려는 것인지
선한 눈이 귀엽고 가련하여
덜컥 웃음이 나온다

이제 와서 어쩌랴
새끼를 가진 어미라면 죽음도 마다지 않는 법
자식을 가진 부모의 다 같은 마음

너도 살고 나도 살고
함께 살 수 있다면 함께 살아보자고
대신 조건을 하나 건다
흔적을 남기지 말 것

나의 기쁨 나의 소원

나의 기쁨은
책을 읽는 것

나의 소원은
세상에 있는 책을
모두 읽고 죽는 것

세상에 있는 책
모두 읽는 날 먼 훗날
내가 죽는 날
나는 기쁘게 죽겠네

세상에 있는 책
못다 읽고 죽는 날
내가 죽는 날
나는 죽어도 못 죽겠네

감자 캐기

오늘은 하지
감자 캐는 날

호미 하나 들고
밭으로 간다

감자꽃
하얀 꽃밖에 없으니
파 보나 마나
모두 하얀 감자겠지만*

오늘은 하지
감자 캐는 날

호미질 한 번에
감자알이 열 개
기쁨도 열 배

이럴 줄 알았으면
씨감자 심을 때 적금 든 거
땅속에 묻을걸

---

* 권태응 작, 〈감자꽃〉 부분 인용

내 친구 이남철

내게는
아주 오래된 친구
한 사람 있으니

이름은
이남철인데

별명은
지남철

기차도 아닌 것이
직진 밖에 할 줄 몰라
좌우가 없어

한눈도 팔지 않고
예외가 없어

그래도
성격은 우직해서 좋아

다툼 끝에
서로 말을 안 했다가도
어려운 일 당하면
금방 달려와 주는 친구

그런 놈이 옆에 있으면
놀 때는 갑갑하지만
일할 때는 맘에 들어

옛친구 하나둘
낙엽처럼 떨어져
어디론가 멀리 날아갔지만
아직도 변함없이
나를 찾아와 주는 놈은
그놈뿐이네

내 탓 먼저

중풍으로 혀가 둔해진 장인어른,
어떤 분과 통화 후
그 늙은이가 이젠 귀가 먹었는지
도통 말귀를 못 알아듣는다며 역정을 낸다

옆에 있던 장모님,
그분이 못 알아듣는 게 아니라
당신 말이 어눌해서 알아듣기 어렵다고
핀잔을 준다

화가 난 장인어른,
나는 말만 똑바로 하는데 무슨 소리 하는 거냐고
언성을 높인다

이때 갑자기 떠오른 이야기 하나

내 이름은 명순인데
당신은 왜 자꾸 나를 맹순이라고 부르냐고 따지자
내가 맹순이라고 했지
언제 맹순이라고 했느냐고
도리어 화를 냈다는
어느 대통령의 부부싸움 이야기

기차놀이

어린 시절
대나무 두 개만 있으면
둘이서 앞뒤에서 양손에 하나씩 잡고
그 안에 탄 친구들 몇 명이든 다 함께

원숭이 똥구멍은 빨개로 시작하는
노래 부르며
우리나라에서 제일 높은 산
백두산까지 가자고 했었는데

아직도 갈 수 없는 곳
그때보다 기차는 더 빨라졌는데
마치 남의 나라인 양

지금의 아이들에게 듣는
우리나라에서 가장 높은 산은
한라산

늙는다는 것

나이 들어
귀가 잘 안 들린다며
보청기를 끼고 다니는 형님

듣지 못하는 불편함이 얼마나 크시냐고 묻자
꼭 필요한 소리만 듣고
듣기 싫은 소리는 듣지 않아서 좋다고
말씀하신다

노안으로 책 읽는 것이 번거로울 때마다
나이 먹는 것을 한탄하곤 했던 나

형님의 말씀을 듣고 깨닫는 바 있어
꼴 보기 싫은 것은 보지 말고
애써 보고 싶은 것만 보라는 뜻으로 바꿔 생각해보니

늙는다는 것이
나쁘기만 한 것은 아닌 듯

달의 구별법

달달 무슨 달
궁금한 사람은 두 손 들어

두 손을 깍지 끼고
손등을 안으로 돌려놓고
하늘을 봐

왼손의 손톱처럼 오른쪽이 보인다면
초승달 상현달

오른손의 손톱처럼 왼쪽이 보인다면
하현달 그믐달

달달 무슨 달
궁금한 사람은
두 손 들어

두 손을 깍지 끼고
손바닥을 밖으로 돌려놓고
하늘을 봐

왼손의 손톱처럼
초저녁 오른쪽*에 떠 있으면
초승달 상현달

오른손의 손톱처럼
새벽녘 왼쪽**에 떠 있으면
하현달 그믐달

---

 * 북반구 기준 남쪽을 바라보고 있을 때 서쪽 하늘이 된다.
 ** 북반구 기준 남쪽을 바라보고 있을 때 동쪽 하늘이 된다.

마누라 머리 염색하는 날

마누라 머리에도
어느새 서리가 내려
한 달에 한 번쯤은
염색을 한다

검은 물 들인다고
다시 젊어지는 것도 아니니
그냥 두라고 말하지만
못 들은 척 염색약 사 들고 와서는
사람을 귀찮게 하는 마누라

그러나 막상
염색한 후 젊어진 듯한 마누라를 보면
바라보고 있는 나도 젊어지는 기분

오늘 저녁은
염색비 아낀 걸로
치맥이나 할까

젊은이들은 상상도 못 할
소소한 행복이여

달팽이

딸이 내게 묻는다

아빠,
달팽이가 왜 집을 이고 다니는 줄 알어?

……?

집 나가면 개고생!

난센스 퀴즈라지만
갑자기 모터홈이 부러운
나의 꿈은
영혼이 자유로운 여행자

술이 술술 들어가는 날

술이 술술 들어가는 날
술 조심할 일이다
처음에는 사람이 술을 먹지만
나중에는 술이 술을 먹고
마침내는 개가 된다던가
그러고 보니 술(戌)은 개 술이로구나

술이 술술 당기는 날
술 조심할 일이다
낮술에 취하면 부모도 몰라본다고
저녁에는 개가 되지만
밤중에는 돼지가 된다던가
술시(戌時)에 술 먹는 이유가 여기에 있었구나

쓰레기 되가져 가기

휴지 받는 휴지통이 가득 차면
가득 찬 휴지통은 어디에다 버리지?

청소하는 청소기가 더러워지면
청소기는 누가 청소해주지?

어느 공원의 안내 문구
우리 공원은 쓰레기통이 없습니다
자기가 가져온 쓰레기는 자기가 되가져갑시다

이것은 내가 우리 회사에서 하고 싶던 말
과장님은 왜 맨날 자기 쓰레기를 나에게 버릴까?

안경을 닦으며

언제부터인가
안경을 닦아도
눈앞이 밝아지지 않았다

안경점에 가보니
안경이 문제가 아니라
눈이 문제

안과의사의 진단은
수정체가 흐려지는
백내장

안경 닦듯이
수정체도 닦는 거냐고 물었더니
인공으로 바꿔야 한댄다

자본주의 의사가 만드는
인조인간이 되기 싫어
줄행랑

닦아도 닦아도 밝아지지 않는
안경을 닦으며
눈 대신 안경을 탓한다

알고리즘

알고리즘의 뜻이 뭔지 궁금해
검색창에 알골까지 쳤는데
알골이 맨 위에 뜬다

알골이란
북쪽 하늘에 있는 페르세우스 자리에서
두 번째로 밝은 베타별로
지구로부터 90광년 정도 떨어져 있다
알골이란 아랍어로 〈악마의 머리〉란 뜻으로 ...

더 이상 읽을 필요가 없었다
내가 알고 싶은 것은 바로 이거였으니까

경주마처럼
제한된 시각 속에 갇히게 하는
니코틴처럼
줄담배를 피우게 하는
알고리즘은 희대의 악마

무서운 것은
조종당하는 사람들이
그것을 눈치채지 못한다는 것

우리는 플라스틱을 먹고 산다

서해 무인도 해안에
상륙한 잠수함 한 척
그것은 간첩선으로 오인된
새끼고래의 사체

그의 죽음을 둘러싼
갖가지 논란 끝에 실시된
부검 결과는 놀랍게도
플라스틱 쓰레기 때문

위장 속에 가득 찬 건
크릴새우가 아니라
페트병과 장난감
그리고 갖가지 어구들

물과 함께 먹잇감을 삼킨 후
물만 내뿜는 고래의 비애

고래가 먹는 새우의 몸속에서도
새우가 먹는 바닷말 속에서도
발견된다는 플라스틱

고래도 새우도 바닷말도
가리지 않고 모두 다 먹는 사람들

우리는 우리가 버린
플라스틱을 먹고 산다
우리는 우리가 버린
플라스틱을 먹고 죽는다

일기예보

고비사막에서 발원한 황사가
북서기류를 타고
곧 우리나라에 도착할 예정이라고 한다

장마전선이 만리장성처럼
우리나라 상공에 장벽을 치고 있어
태풍의 진로를 막고 있다고 한다

제주도와 한라산이
파수병처럼 지키고 있어
우리나라로 오던 태풍이
일본열도로 방향을 돌렸다고 한다

교육 방송인가
국사 시간인가
착각해서
나는 채널을 다른 곳으로 돌린다

자장가

잘 자라
잘 자라
우리 아기
잘 자라

아기는 엄마의 자장가 소리를 듣고 잠든다

태어난 지 하루 만에
엄마의 말을 알아듣는 똑똑한 아기
장차 무엇이 될까

엄마는 아기의 옹알이 소리를 듣고 용꿈을 꾼다

저출산 시대의 신풍속도

신발을 신고
산책하는
강아지

유모차 속에
잠든
강아지

주인 등에 업히고
가슴에 안긴
강아지

어른보다 아이가
아이보다 강아지가
더 대접받는 세상

그런데
사람이 개만 키우면
사람은 누가 낳고
아이는 누가 키우지?

정치인과 종교인의 차이

정치인은 현실을 바꾸려고 하지만
종교인은 현실을 위로할 뿐 문제를 해결해주지 않는다

빵을 사기 위해 길게 줄지어 늘어선 사람들에게

종교인은 단지 의자를 내어주는 사람이지만
정치인은 그 줄을 없애려고 하는 사람이다

줄임말

세상은 변해서
이제 사람의 목소리를 들을 수가 없군요
침 묻힌 연필로 꾹꾹 눌러쓴 편지 속에는
또박또박 한 글자씩 소리 내어 읽던 사람의 음성이
있었는데요

오늘 내가 받은 문자를 보세요

일취월장
여보 당신
700
분조카
할말하않

겉보기엔 아는 단어 같지만
그 뜻은 전혀 달라졌어요

일요일에 술을 마셔서 월요일에 힘들다는
여보 당신은
귀여워
분위기 좋은 카페에서
할 말은 많지만 하지 않겠다는뜻인가?

아니요
줄임말은 곧이곧대로 듣지 마세요
여보 당신은
여유롭게 살면서도 보람차고
당당하게 신나게 살아가자는 뜻

예나 지금이나
신세대와 구세대는
반드시
통역이 필요하답니다

포기하지 마

이번 생은 글렀다고?
아니야,
너에게 다음 생은 없어
너에게 주어진 삶은 지금뿐이야
단 한 번뿐이야
더 이상 기회는 없어
포기하지 마
절대로 포기하지 마

좋으면 좋은 대로
즐기며 사는 거야
나쁘면 나쁜 대로
버티며 사는 거야

좋은 날이 있으면
나쁜 날도 있고
나쁜 날이 있으면
좋은 날도 있는 것,
그게 곧 삶이야

신이 축복을 내려도 감사하지 마
신이 재앙을 내려도 원망하지 마
신은 신의 일을 하게 내버려 두고
너는 그냥 너의 일을 하는 거야

비가 오면 우산을 쓰고
해가 뜨면 양산을 쓰는 거야
그냥 받아들여
모든 걸 받아들여

너에게만 행운을 주는 신은 없어
너에게만 불행을 주는 신도 없어

너에게 행운만 주는 신은 없어
너에게 불행만 주는 신도 없어

비가 그치면 해가 뜰거야
포기하지 마, 절대로 포기하지 마

황당한 보답

어느 날 비탈길을 걷다가
비명 소리에 뒤돌아보니
벌렁 뒤집힌 휠체어

어머니를 모시고 가던 딸인 듯
휠체어 밑에 깔린
뚱뚱한 할머니와 뚱뚱한 아줌마

얼른 달려가 일으켜 세워줬더니
내게 돌아오는 말

빨리 와서 잡아줬으면
이렇게 넘어질 일 없었잖아요
아까부터 소리 질렀는데
못 들었어요?

6

수목장

수목장(樹木葬)

이른 아침 법당 앞마당에 달콤한 모과차 향이 가득했다
모과차 끓이시나 봐요?
제사 준비에 바쁜 법당 보살은 아니라고 부인한다

10월의 마지막 날
오늘은 누님의 사망 1주기,
1년 전
누님의 유골은 절집 뒤편
작은 나무 밑에 묻히었었다

제사를 마친 스님은 내게 말을 건넨다
모과차에 대해 물으셨다죠?
그것은 바로 저 나무에서 나는 꽃향기예요
스님의 손은 마당 왼쪽의 나무를 가리킨다

금목서라고 합니다
저기 노랗게 익은 작은 꽃들이
잘 익은 과일처럼 달달한 향기를 내뿜는 거지요
선생님께서는 모과차 향인 줄로 아셨지만 .... ,

그런데 사실은
작년 이맘때 고인의 유골을 묻은 나무는
은목서라고 합니다
바로 저 나무지요
그 나무와 같은 나무

마당 오른쪽에 있는 나무를 가리키던 스님은
한 번 가보라는 듯
웃음 띤 얼굴을 끄덕인다

쌀튀밥처럼 작고 하얀 꽃들이 다닥다닥 붙어 있는
그 나무에서는 익숙한 냄새가 났다
킁킁 냄새를 맡으며 기억을 더듬고 있을 때
스님이 다가와 묻지도 않은 질문에 대답을 한다

그 꽃으로 향수를 만든답니다
샤넬 NO. 5

그랬구나
그랬었구나

모과차를 좋아했던 누님은 가고 없지만
누님의 향기는
이렇게 남겨두고 간 것이다

공동묘지

지난날
이 땅에 살았던 그 많은 사람들
지금은 다 어디로 갔느냐고
묻지를 마라

효성스러운 이 겨레는
망자에게도 공동주택을 주었으니
무덤은 작은 산이요
청산은 큰 무덤이로다

부귀와 권세는
하늘이 정하신 바라
문패 없는 집을 보고도
울지는 않으련다
다만 한 가지 슬픈 것은
어느 집에도
이제 출입문이 없도다

자고로
죽은 자의 집을 짓는 것은
산 자였으나

영정사진

평소에 그리 밝으시더니
돌아가신 뒤에도
환히 웃고 계시더이다

활짝 핀 꽃밭에서 찍은 사진
꽃 속에 묻혀있는 당신도 꽃답기에
한참을 찾았습니다 그려

몇 년이 지난 뒤에도
지금 그 모습처럼
당신은 그대로 있겠지요

다만 서러운 것은 먼 훗날
내가 죽은 뒤에는
그 누가 당신을 기억하리오

금 이빨 한 개

살기 위해 돈을 버는 것이 아니라
돈을 벌기 위해 살았던 어떤 사람

남은 인생 걱정 없이 살 만큼 돈을 모았다더니
갑자기 날아 온 부고장

빈소는 텅 비어
마지막 가는 길을 지켜주는 친구도 없고

그가 남긴 건
썩은 어금니를 씌웠던 금 이빨 한 개
밖에 없다는데

그동안 모은 재산은 어떻게 됐느냐고 물었더니
주식으로 사기로 모두 날려 먹었다는데

아이고! 비극이여!
살아서도 산 것이 아니더니
죽어서도 죽지 못하겠구나

애완견 초롱이의 49재

법당 안 영단 위에 모셔진 영정사진 한 가운데
애완견 시추 초롱이의 사진도 한자리 차지하고 있으니
사십구재 지내러 온 다른 유족들이 놀라
항의를 한다

"이제 중들도 돈에 환장했나 보다.
우리 아버님과 개새끼를 같은 자리에 나란히 놓다니
개 사진을 당장 치워라."

법당 보살을 겸연쩍게 웃으며 대답한다
"저야 뭐 압니까.
그저 스님이 시키는 대로 하는 거죠.
스님께 한 번 여쭤보겠습니다."

아무리 생각해도 뾰족한 답이 없을 줄 알았는데
스님은 역시 스님이었다
"사람이나 축생이나 뒤집어쓴 가죽만 다를 뿐
그 속에 내재 된 영(靈)은 차별 없이 똑같습니다.
그렇기에 내생에는 사람도 축생으로 태어날 수 있고,
축생도 죽으면 다시 사람으로 태어날 수 있는 것이
어김없는 윤회의 법칙인데 상주께서는 어찌 그리 말씀하십니까?"

유족은 달리 할 말이 없다
그저 모든 영가(靈駕)들이 왕생극락하기를 바랄 뿐

나무아미타불
나무아미타불

임종 풍경 1

스무 살 꽃다운 나이에
외딴섬으로 시집갔던 둘째 딸 점순이
어머니 곧 돌아가실 것 같다는 연락을 받고
친정으로 달려왔는데
어머니 또 안 돌아가신다

이번이 벌써 세 번째
처음 한두 번은
안도하며 집으로 돌아갔는데
그 사이 본인도
고희가 눈앞이라

다시 깨어난 어머니에게 불쑥 한다는 말이
〈어머니 이제 그만 돌아가셔요〉

어머니는 저년이 나보고 죽으란다고
대성통곡인데
사람들은 수군거린다
아무리 오래 살아도 죽기는 싫은 건가 보다고

임종 풍경 2

평생을 유학자로 사셨다는 노인이
죽기 전에 자식들을 모아놓고 유언을 한다

나는 이제 곧 가니께 너희들은 잘 듣거라
기제사(忌祭祀)는 어느 날로 하면 되고
장지(葬地)는 어디로 하면 되고
호상(護喪)은 누구로 하면 되고
기타 등등 할 말을 다 했으니
나는 이제 갈란다 행복하게 잘 살거라

마치 이웃 동네 마실이라도 가는 사람처럼
담담하게 말하고 조용히 눈을 감는데
얼굴 가득 득의의 미소가 번지고 있어라

임종 풍경 3

우리 동네 서울댁
부잣집 셋째딸 못난이 삼순이
어머니 위독하다는 소식을 듣고
부랴부랴 병원으로 달려갔는데
어머니는 조금 전에 운명하셨단다

결혼 전에는
저렇게 못난 년이 시집이나 갈 수 있을까,
결혼 후에는
그렇게 못난 년이 소박이나 맞지 않을까,
자나 깨나 셋째 딸 걱정만 하셨다는 어머니 생각에
삼순이는 왈칵 눈물이 터져나왔다

한참을 소리 내어 울고 있는데
삼순이 너 왜 우느냐고
어머니가 눈을 뜨고 말씀하신다

"내가 어느 강에 놓인 징검다리를 중간쯤 건너고 있는데
갑자기 뒤에서 삼순이 너 우는 소리가 들리더라
그래 깜짝 놀라 뒤돌아보다가 미끄러져
강물에 풍덩 빠졌는데 이렇게 잠을 깼지 뭐냐
거참 희한한 꿈도 다 있지"

성질 급한 언니들
서둘러 장례 준비한 거 허사 되어
대신 동네잔치 크게 했다는
이야기를 들었다
나중에
나중에
셋째 딸 못난이 삼순이
어머니 돌아가셨다는 연락을 다시 받고
부랴부랴 병원으로 달려갔는데
두 언니 문밖에 나와
신신당부하신다

"삼순이, 너 울지 마라
엄마 다시 돌아오실라."

글쓰기의 시작은
부끄러움을 참는 것

− 정양 선생님을 추억함 1

선생님을 처음 만난 건
고등학교 1학년 국어 수업 시간이었다
비쩍 마른 큰 키에
핼쑥한 얼굴에
약간 구부정한 모습에
요샛말로 차도남 같은 풍모가 있었다

게다가 이미 등단한 시인이라는 소문과
등단작 〈천정을 보며〉의 혼잣말과도 같은 중얼거림과
이후 출간한 첫 시집 〈까마귀 떼〉의 음산한 분위기가 더해져
선생님은 나에게는 외경의 존재가 되었다

그러나 내가 선생님을 특별하게 기억하는 것은 작문 시간의 배움
때문이다
즉 글쓰기의 시작은 부끄러움을 감추지 않고 드러내는 것이라는 그

말 한마디에 어떤 용기 같은 것을 얻었던 것이다
사실 잠 안 오는 밤중에 썼던 편지를 다음 날 아침이 되면 차마 부치지 못하고 찢어버린 경험들이 얼마나 많았던가
그래서 글을 쓴다는 것은 문장력 등 여러 가지가 있어야 하겠지만 무엇보다 부끄러움을 참는 것이 먼저라는 그 말이 가슴에 와닿았는지도 모른다
선생님의 그 가르침을 받지 못했다면 먼 훗날 나의 글쓰기는 시작조차 하지 못했을 것이다

나에게 글을 쓸 용기를 주신 선생님께 감사드리며
최근 작고하신 선생님의 명복을 빈다

국어 수업 시간의 추억

– 정양 선생님을 추억함 2

고등학교 수업 시간
비 오는 날 하필 정전이 되어
캄캄해진 교실

한 학생이 외친다

선생님
교실도 어두운데
수업 그만하면 안 될까요?

평소 판서 없이 말로만 강의하는
국어 선생님 왈
야 이놈아, 캄캄하다고 안 들리냐

봄바람[*]

파란 하늘 우러르면
가슴 가득 이는 바람
어디 나뿐이랴!
갑자기 말문 막힌 벙어리처럼
속으로만 외고 또 외던 말은
- 당신을 사랑합니다

푸른 들 바라보면
앞다투어 부는 바람
어찌 한둘이랴!
전국을 내달리던 파발마처럼
꿈길조차 쉬지 않는 이 마음을
- 받아주세요

---

[*] 세내교 다리 아래서, 105쪽

쌍무덤 사잇길[*]

살아선 떨어져 살았으니
죽어서나 함께 있으라고
무덤을 그렇게 나란히 붙여 두었을까

살아선 붙어서 살았으니
죽어서도 함께 있으라고
무덤을 그렇게 나란히 붙여 두었을까

생전의 모습을 그 누가 알랴만
도대체 누구인가
무덤을 가로질러 사잇길로 만든 이는 …

'아름다운 온갖 것은 가고 말아라
물결처럼 흘러가고 올 줄 몰라라
우리도 한 사람 두 사람 가고 못 와라'

---

[*] 세내교 다리 아래서, 108~109쪽

똑똑히 보아라
팔 잘린 무덤은 다시 손 내밀지 못하는 것을
똑똑히 보아라
발 잘린 무덤은 다시 다가가지 못하는 것을

까르페 디엠

나그네여,
그대는 아는가
그대의 무심한 발길로 교훈을 쓰고 있다는 것을

호수의 참선 수행기*

황량한 벌판
지붕도 없는 독방 속에
나 홀로

뜨거운 햇빛과 차가운 달빛을
참고 견디며 장좌불와(長坐不臥)
몇 해였던가

온갖 고통이 사라지고
수행의 목적마저
까마득히 잊어버린
어느 날 아침

---

* 세내교 다리 아래서, 172~173쪽

끝없는 의문 대신
갑자기 찾아온 마음의 평온
아무런 미련도 없이
스쳐 가는 상념들

마침내 미동도 없는 거울이 되었구나
묵언(默言)을 깨고 외치려는 순간

살며시 다가와 나직이 속삭이는
봄바람에 가슴이 울렁

아!
나의 본성은 명경(明鏡)이 아니라
유수(流水)였구나

미래형 석불*

목 잘린 석불은
머리가 없어도 늠름하여
산 자는 누구나
그 앞에서
제 고개를 떨어뜨리니

돌로 된 목숨마저 앗아가는 이 땅은
산목숨 지키는 것이
죽음보다 어려울진대
이제는 살려고 하기보다는
죽어서도 사는 길을 찾아야 하리

---

* 세내교 다리 아래서, 178~179쪽

목 잘린 석불은
머리가 없어도 거룩하여
몸으로 드러내는 성품은
누구에게도
전혀 차별 없으리니

얼굴로 성속(聖俗)을 구별하는 이 시대
사람 대접받을 그 날은
아승지겁(阿僧祇劫)보다 요원할진대
모양과 색깔에 관계없이
저 몸 위에선 언제든 부처가 되리

하회(河回) 마을에서[*]

― K에게

흙과 물처럼 서로 다르게 만나
우리는 왜 그냥 스쳐 가지 못하고
나는 너를 붙잡고
너는 내 곁을 맴돌고 있었나

아침부터 저녁까지 언제나 함께 있을 때
우리는 강물이 흐르는 줄 미처 몰랐다

시시한 안부 따위 묻지 않아도
속속들이 안다고 살았던 세월이
알게 모르게 조금씩 흘러
구불구불 좁은 골목길 하나씩 생기었구나

---

* 내가 먼저 숲이 되어, 78~79쪽

어떤 날은 기와집 짓고
어떤 날은 초가집 지어
텅 빈 마음 위로할 적에
우리는 서로를 바라보지 못했었구나

크건 작건 이제는 한 마을을 이루어
비로소 흐르는 물길을 바라보노라
아침에 봤던 푸른 물결 위에
석양은 제 모습을 비추어 보느니
우리도 이제 다시 옛날처럼
구불구불 돌아서 가자

새벽예불*

도량석 목탁 소리에
새벽
눈 뜬다

아직 눈가에 남아 있는 졸음은
준엄한 쇠종 소리로 쫓아버리니

(계향 정향 혜향 해탈향 해탈지견향)

온갖 번뇌는
향 내음 되어 사라지고
염불 소리만
법당 가득 쌓인다

* 내가 먼저 숲이 되어, 158~159쪽

그래도 못다 버린 습기(習氣)는
불쑥불쑥 고개를 치켜드나니
무거운 이마를 방바닥에 찧으며

(지심귀명례 삼계도사 사생자부 시아본사 석가모니불)

나를 버리고
나를 비워서

마침내

내가 사라지고
너도 사라지면

아무도 없는 법당에서
부처님 홀로 웃으시매

(원공법계 제중생 자타일시 성불도)

온 세상이 환히 밝아온다

비늘을 털며[*]

한겨울에 눈 내리듯
머리에서 비늘이 떨어진다
내복 속에도
비늘 부스러기가 하얗게 묻어있다

나의 기도는 최소 하루에 한 번
물을 경배하고
추모하는 것으로 시작해야 한다

단 며칠만이라도 기도를 멈추면
나의 몸은 이렇게
조상의 족보를 내밀며 항거한다

---

* 채석강 별곡, 48~49쪽

나는 비록 물에서 왔지만
뭍에서 살기 위해 방수복은 벗어야 했다
그러나 내 안에는
아직도 버릴 수 없는 것이 남아 있었다

그리하여
살기 위한 변신은 무죄라고 타협할 때
반드시 올챙이가 나타나 꼬리를 흔든다

시간이 흘러 겉모습은 바뀌어도
머리에서 발끝까지
맨 처음 그 마음은 흘러야 한다.

후드티를 입으면*

양복을 벗고
후드티를 입으면
나는 후투티가 된다

유행이 뭐 그리 중한 거냐고
훗훗 콧방귀를 뀌면은
나 혼자만이 특별해지는 시간

양복을 벗고
후드티를 입으면
나는 후투티가 된다

출세가 뭐 그리 중한 거냐고
훗훗 콧방귀를 뀌면은
나 혼자라도 행복해지는 공간

---

* 채석강 별곡, 80~81쪽

양복을 벗고
후드티를 입으면
나는 후투티가 된다

체면이 뭐 그리 중한 거냐고
훗훗 콧방귀를 뀌면은
언제 어디에 있더라도 나는 나

펜과 페니스에 대한 단상*

농사를 잘 지으려면
밭이 좋아야 한다는 사람도 있었고
씨가 좋아야 한다는 사람도 있었다

상식 있는 사람들이라면 누구나 알다시피
이것은 양자택일의 문제가 아니다
그런데 어느 날 누군가가
"페니스는 칼보다 강하다(The penis mightier than the sword)"
는 구호를 외치며 편 가르기를 하였다

---

* 채석강 별곡, 82~83쪽

어떤 이는 문법적으로 분석하여 오류라고 반박하였고
어떤 이는 맥락적으로 분석하여 타당하다고 옹호하였다

이 싸움을 말리기 위해 내가 알고 있는 한 가지 비밀을 말하자면
펜과 페니스 둘 다 순혈선망증(純血羨望症)이 있다는 것이다

미래의 제헌절 기념사*

모든 국민은 선악도 시비도 구별 없이 모두가 평등하되, 오로지 강자와 약자로만 차별되도다. 무엇이든 강자는 선하고 옳으며, 약자는 악하고 그르도다. 그러므로 국민들이여! 강자에게는 환호를 약자에게는 냉소를 보낼지어다. (이상 서기 3000년 전부 개정된 대한민국 헌법 제 2장 국민의 권리와 의무 중 제 11조 전문)

지금으로부터 무려 100년 전인 서기 3000년, 선악과 시비가 사라진 대한민국은 마침내 위와 같이 강약의 두 계급으로만 구별되는 위대한 공식을 발견했다네. 세상에서 가장 단순명료한 공식으로 강자는 더욱 강해지고 약자는 더욱 약해지는 만유의 법칙을 증명했다네.

그런데 헌법을 개정한 지 불과 14년만인 서기 3014년 8월 14일 새벽 지중해 연안에서 발생한 강력한 태풍 〈올리브〉가 북동쪽으로 세력을 조금씩 확장하더니, 그 사악한 야욕을 버리지 못하고 마침내 우리나라까지 넘보게 되었다네. 그리하여 선악도 구별 못 하는 순진무구한 이 나라에 선을 선이라 말하고 악을 악이라 말하는 불순한 분리주의,

---

* 채석강 별곡, 176~177쪽

시비는 상관없이 사사로운 잇속만 챙기는 이 나라에 옳은 것을 옳다고 말하고 그른 것은 그르다고 말하는 불온한 근본주의, 권선은커녕 징악도 사라진 이 나라에 선은 권하고 악은 징계하며 강자는 타이르고 약자는 북돋는 악질적 선동주의를 동반한 일인삼색(一人三色)의 교활한 태풍 〈올리브〉가 헌법정신이 채 공고해지지 않은 이 땅을 휩쓸고 지나갔다네. 그런데도 우리의 위대한 선조들께서 이와 같은 위기를 슬기롭게 극복하고 헌법을 굳건히 수호하였기에 우리가 오늘과 같은 평등을 누릴 수 있게 되었다는 것을 결코 잊어서는 안 될 것이네.

서기 3100년 10월 3일 대한민국 최강자

조용중 네 번째 시선집

나의 모비딕을 위하여

초판 발행 2025년 7월 31일

지은이 조용중
펴낸이 방성열
펴낸곳 다산글방

출판등록 제313-2003-00328호
주소 서울특별시 마포구 동교로 36
전화 02-338-3630 / 070-8288-2072
팩스 02-338-3690 / 02-6442-0292
이메일 dasanpublish@daum.net
        iebookblog@naver.com
홈페이지 www.iebook.co.kr

ⓒ 조용중 2025, Printed in Korea
ISBN 979-11-6078-360-5 03810

* 이 책은 저작권법에 의해 보호받는 저작물이며, 저자와 출판사의 서면 허락 없이
   내용의 전부 또는 일부를 인용하거나 발췌하는 것을 금합니다.
* 제본, 인쇄가 잘못되거나 파손된 책은 구입하신 곳에서 교환해 드립니다.
* 책값은 뒤표지에 있습니다.